감수 조봉래

서울대학교 화학과를 졸업하고 같은 학교 대학원에서 박사 학위를 받았습니다.
미국 미주리 대학교에서 박사 후 연구원, 미국 인디애나 대학교에서 화학과 객원 연구원을 지냈으며,
현재 청주대학교 화학과 교수로 재직하고 있습니다.
저서로는 〈화학의 세계〉, 〈자연과학의 이해〉 등이 있습니다.

글 꿈꾸는 초록이

대학에서 자연과학을 전공한 과학 전문 출판인들의 모임입니다.
오랜 세월 녹색 환경과 생태에 관심을 가지고 많은 자연과학 및 생태 관련 서적을 출판하였으며
오늘도 어린이들에게 자연의 아름다움과 꿈을 키워 주기 위해 노력하고 있습니다.

글 김용란

인하대학교 대학원에서 아동 문학을 공부하고 있으며, 현재 동화 작가로 활동하고 있습니다.
저서로는 〈오랑거의 한가위〉, 〈가족을 찾아 상상의 나라로〉, 〈도깨비 도깨비 우리 도깨비〉,
〈햄버거 김치를 만나다〉 등 많은 작품이 있습니다.

+UP 자연속으로 생명이 숨 쉬는 지구

감수| 조봉래 **글**| 꿈꾸는 초록이 · 김용란 **그림**| 김남균 · 김경옥 · 박주희
펴낸이| 최학용 **펴낸곳**| 키즈탄탄 주식회사 **출판등록**| 제2022-000051호
주소| 서울특별시 금천구 가산디지털1로 30, 901호 **TEL**| 031-341-1025
홈페이지| www.tantani.com
편집 책임| 이정순 **편집**| 이주연 · 오유리 **교정**| 박사례
디자인| 이새미 · 전경숙 **조판**| 민정희 **포토 리서치**| 김미영 시몽포토에이전시

사진제공
유로크레온 · 타임스페이스 · 토픽포토에이전시 · Getty Images/멀티비츠

키즈탄탄 주식회사는 어린이 그림동화 전문 출판사입니다. 이 책은 저작권법에 따라 보호받는 저작물이므로,
이 책의 전부 또는 일부를 무단으로 복사, 복제, 배포하거나 전산장치에 저장할 수 없습니다.
책 모서리가 날카롭고 무거워 다칠 수 있으니 사람을 향해 던지거나 떨어뜨리지 마십시오. 보관 시 직사광선이나 습기 찬 곳은 피해 주십시오.

ISBN 979-11-93042-82-3 ISBN 979-11-982571-0-9 74400 (세트)

생명이 숨 쉬는
지구

감수 조봉래 | 글 꿈꾸는 초록이 · 김용란

여원키즈탄탄

차례

지구에는 생명체가 살고 있어요   8

지구는 공처럼 둥글어요   10

 북극과 남극은 몹시 추워요   12

지구는 스스로 움직여요   14

지구는 태양 주위를 돌아요   16

땅속은 여러 층으로 이루어져 있어요   18

우르르릉! 땅이 흔들려요   20

쿠르릉 콰쾅! 화산이 폭발해요   22

지구 표면은 울퉁불퉁해요   26

빙하가 지구의 땅 모양을 바꿔요 **28**

흐르는 물도 지구의 땅 모양을 바꿔요 **30**

땅속을 흐르는 물은 동굴을 만들어요 **32**

지구에는 모래로만 이루어진 곳도 있어요 **34**

파도가 바닷가의 땅 모양을 바꿔요 **36**

바다  아래는 어떤 모습일까요? **38**

지구는 보물을 많이 가지고 있어요 **40**

소중한 지구를 건강하게 지켜야 해요  **42**

알쏭달쏭 과학 이야기 **44**

지구에는 생명체가 살고 있어요

지구는 생명체가 살 수 있는 유일한 행성이에요.
지구에는 사람을 포함한 동물과 식물 등 온갖 생명체가 살아요.
산과 바다, 강과 들, 지구의 곳곳에서 수많은 생명체가 숨 쉬고 있어요.
지금부터 지구 탐험을 시작해 볼까요?

물결 따라 찰랑찰랑 물고기가 헤엄치네.

풀이랑 나무는 쑥쑥 잘도 자라는구나!

인공위성에서 본 지구의 모습 넓고 넓은 지구 표면의 3분의 2 정도는 바다예요.

지구는 공처럼 둥글어요

우주에서 바라본 지구는 동그랗게 생겼어요.
갈색과 초록색으로 보이는 땅덩어리를 파란 바다가 둘러싸고 있지요.
땅과 바다 위에 흰 구름이 군데군데 떠 있어요.

커다란 땅덩어리는 대륙, 커다란 바다는 대양이라고 해.

우리나라는 아시아 대륙의 동쪽에 있어.

북극해, 유럽, 아시아, 북아메리카, 대서양, 아프리카, 태평양, 남아메리카, 인도양, 오세아니아, 대서양, 남극해

세계 지도 지도는 둥근 지구를 편평한 면으로 옮겨서 그린 거예요. 지구에는 6개의 대륙과 남·북극해까지 5개의 대양이 있어요.

북극과 남극은 몹시 추워요

지구 자전축의 양 끝에 해당하는 북극과 남극은
지구에서 가장 추운 곳이에요.
북극은 유라시아와 북아메리카 대륙에 둘러싸인 바다이고,
남극은 두껍고 편평한 얼음으로 덮여 있는
거대한 대륙이에요.

나는 북극에서만 살기 때문에
북극곰이라고 불러.

북극의 빙산 지구의 북쪽 끝인 북극은 북극해의 두꺼운 얼음 위에 눈이 쌓여 있는
얼음 나라예요. 북극의 빙산은 모양이 불규칙하고 윗면이 뾰족한 것이 많아요.

남극의 빙산 지구의 남쪽 끝인 남극 대륙은 눈과 얼음으로 덮여 있어요. 남극에는 펭귄이 살아요.

지구는 스스로 움직여요

우리는 느낄 수 없지만 지구는 쉴 새 없이 돌고 있어요.
하루에 스스로 한 바퀴를 도는데, 이것을 자전이라고 해요.
지구가 자전할 때, 태양을 향하고 있는 곳은 낮이 되고
태양을 등진 곳은 밤이 되지요.

태양 빛을 받는 곳은 낮이고, 태양 빛을 받지 않는 곳은 밤이야.

자전축
북극
밤
낮
태양

북극이랑 남극을 꿰뚫어 이은 것이 자전축이야. 지구는 자전축을 중심으로 돌지.

지구는 태양 주위를 돌아요

지구는 자전하면서 태양 주위도 돌아요. 태양 주위를 도는 것을 공전이라고 해요.
1년은 365일이에요. 365일은 지구가 공전하는 데 걸리는 시간이에요.
지구가 공전하기 때문에 봄, 여름, 가을, 겨울의 계절이 생겨요.

봄 따뜻한 봄바람이 살랑거리고 파릇파릇 새싹이 돋아요.

여름 뜨거운 햇빛이 쨍쨍 내리쬐고 나무는 초록 옷을 입어요.

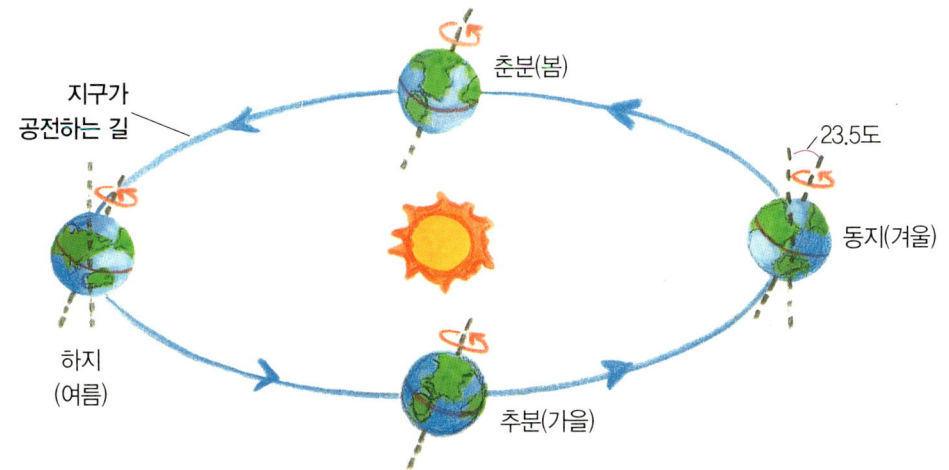

계절이 변하는 이유는 지구의 자전축이 기울어졌기 때문이에요.
지구는 자전축이 23.5도 기울어진 채 자전도 하고 공전도 해요. 자전축이 기울어져 있기 때문에 지구의 위치에 따라, 햇빛이 비치는 각도와 햇빛의 양이 달라지고 밤낮의 길이도 달라져요. 햇빛이 머리 위쪽에서 똑바로 비치고 낮의 길이가 길면 더운 여름이 되고, 햇빛이 비스듬히 비치고 낮의 길이가 짧으면 추운 겨울이 되지요. 그래서 봄, 여름, 가을, 겨울, 이렇게 4계절이 생겨요.

가을 아침과 저녁으로 선선한 바람이 불고, 나뭇잎이 울긋불긋 물들어요.

겨울 나뭇잎이 모두 떨어져 앙상한 나뭇가지만 남고, 눈이 내려요.

땅속은 여러 층으로 이루어져 있어요

우리가 살고 있는 땅은 지구의 겉껍데기예요.
겉껍데기에서 땅속 깊이 들어가면 맨틀과 핵을 만날 수 있어요.
맨틀 위쪽은 아주 천천히 움직여요.
핵은 매우 무거운 금속 물질로 이루어져 있으며 아주 뜨거워요.

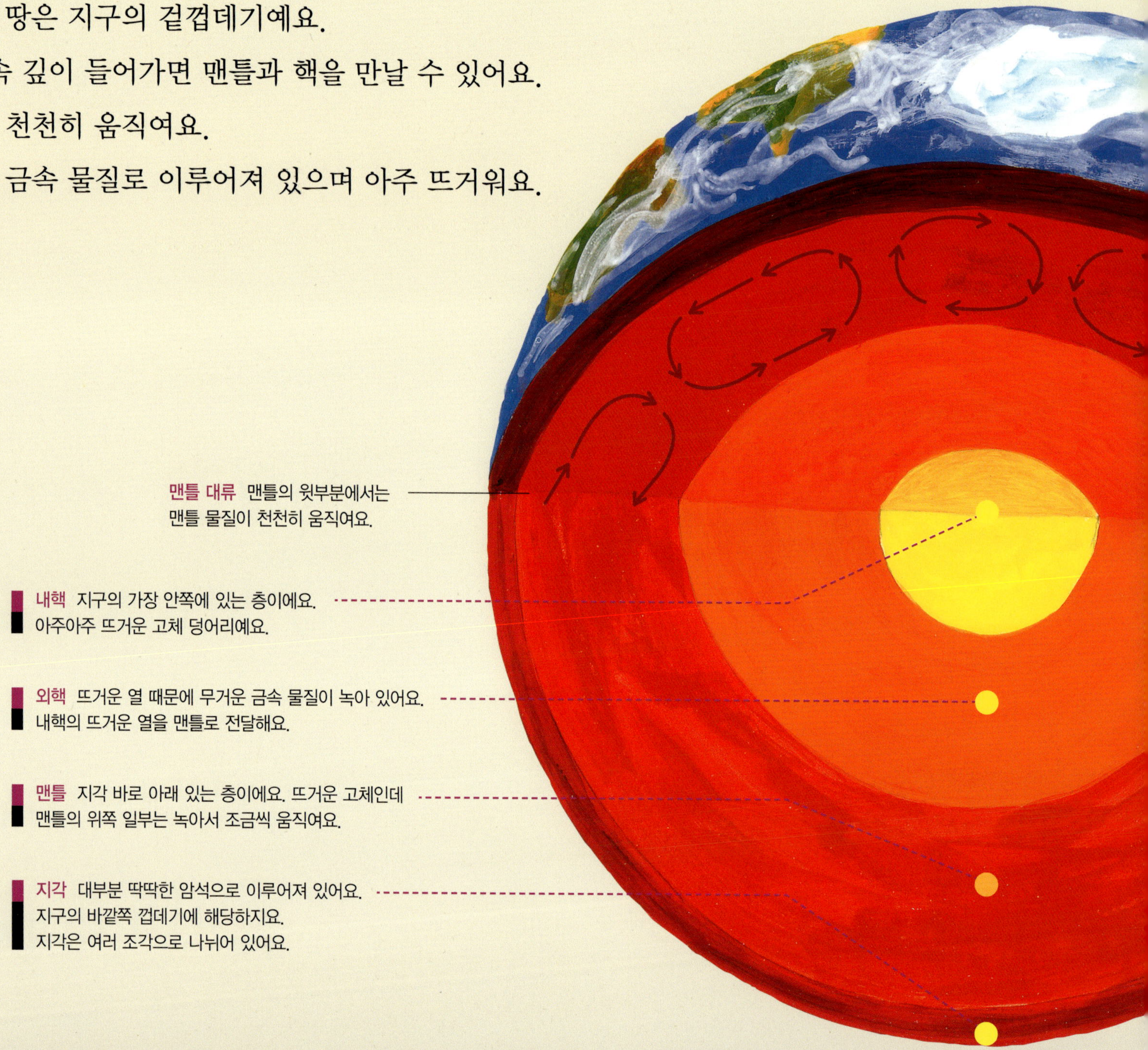

맨틀 대류 맨틀의 윗부분에서는 맨틀 물질이 천천히 움직여요.

내핵 지구의 가장 안쪽에 있는 층이에요.
아주아주 뜨거운 고체 덩어리예요.

외핵 뜨거운 열 때문에 무거운 금속 물질이 녹아 있어요.
내핵의 뜨거운 열을 맨틀로 전달해요.

맨틀 지각 바로 아래 있는 층이에요. 뜨거운 고체인데
맨틀의 위쪽 일부는 녹아서 조금씩 움직여요.

지각 대부분 딱딱한 암석으로 이루어져 있어요.
지구의 바깥쪽 껍데기에 해당하지요.
지각은 여러 조각으로 나뉘어 있어요.

땅의 움직임을 알 수 있는 곳

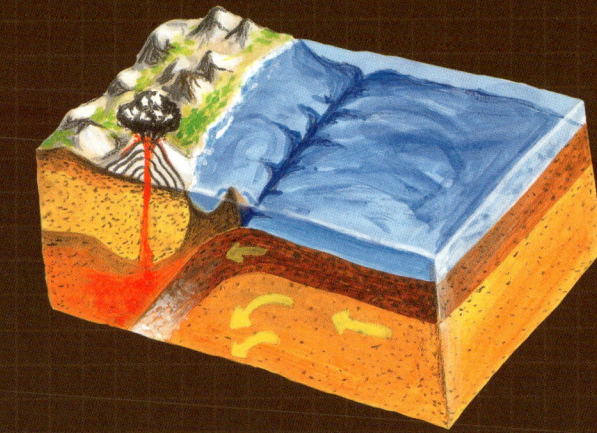

지각끼리 만나는 곳
서로 다른 지각 조각이 만나 부딪치거나 한쪽이 다른 지각 밑으로 내려갈 때 땅이 흔들리고 화산 활동이 나타나요.

땅이 움직인다고 해도 1년에 수 센티미터 정도라서 평소에는 움직임을 절대 눈치챌 수 없어요.

지각끼리 맞닿아 비껴가는 곳
서로 다른 지각 조각이 스쳐 가면서 마찰이 생겨 땅이 흔들려요.

바다 밑에서는 새로운 지각이 아주 조금씩 만들어지고 있어.

새로운 지각이 생기는 곳
지각 아래의 맨틀 물질이 지각 위로 올라와 새로운 지각이 만들어질 때, 화산 활동이 나타나고 땅이 움직여요.

이키, 땅이 움직인다고? 지각이 맨틀 속으로 들어가 녹기도 한다니 좀 무시무시한데.

지구의 속 모습 지구의 안쪽은 여러 개의 층으로 되어 있어요.

우르르릉! 땅이 흔들려요

땅이 갈라지고 뒤흔들리는 현상을 지진이라고 해요.
지진이 일어나면 건물은 물론 도로와 다리도 무너져요.
바다 밑이나 바닷가에서 지진이 생기면, 그 충격으로
바닷물이 크게 출렁거리는 해일이 생기기도 해요.

에휴, 무서워! 지진이 심하게 일어나면 많은 사람이 죽거나 다쳐.

지진으로 갈라진 땅 아스팔트가 깨지고 땅이 갈라졌어요.

지진이 일어나 무너진 건물 지진이 일어나면 땅이 덜덜 떨리고 건물이 부서져요.

해일 때때로 바다 밑에서도 지진이 일어나요. 그러면 해일이라는 거대한 파도가 생기지요. 해일이 바닷가로 밀어닥치면 바닷가 마을 전체가 물에 잠겨요.

쿠르릉 콰쾅! 화산이 폭발해요

지구에는 화산 활동을 하는 곳이 있어요.
화산 활동은 땅속 깊이 녹아 있는 뜨겁고 붉은 마그마가
지각의 약한 부분을 뚫고 나오는 현상이에요.
뜨거운 용암은 지표면을 따라 흐르다가 식으면 단단한 돌이 되지요.
쏟아져 내리는 뜨거운 물질들은 화산 주위의 땅 모양을 바꾸기도 해요.

> 녹은 암석 물질이 땅속에 있으면 마그마, 땅 위로 드러나면 용암이라고 해요.

용암이 흐르는 모양 용암은 성분에 따라 어떤 것은 끈적끈적하고 어떤 것은 묽어요. 끈적끈적한 용암은 천천히 흐르다가 굳고 묽은 용암은 넓은 지역을 빠르게 흐르다가 굳어요.

산꼭대기에서 뿜어져 나오는 연기 화산 폭발이 일어나기 직전에 수증기, 먼지, 가스 같은 물질이 먼저 나와요. 검은 연기처럼 보이는 것은 알갱이가 아주 작은 용암 조각들인데, 공기 중에 떠다니다가 땅에 가라앉기도 하고 하늘 위를 오랫동안 떠다니기도 해요.

가스와 함께 쏟아지는 화산재는 하늘을 떠다니면서 햇빛을 막아서 주위를 깜깜하게 만들기도 해.

화산이 폭발할 때는 큰 소리와 함께 엄청난 가스가 구름 기둥을 이루어요.
가스의 대부분은 수증기이고, 돌덩어리와 돌가루 등이 섞여 나오지요.
화산이 폭발할 때 산꼭대기 부분이 날아가 버려 움푹한 구덩이가 생기기도 해요.
폭발이 잠잠해지고 구덩이에 물이 고이면 산꼭대기에 호수가 생겨요.
백두산의 천지와 한라산의 백록담은 화산 폭발로 만들어진 호수예요.

화산 폭발로 생긴 백두산 천지 화산이 폭발할 때 산꼭대기 부분이 날아가 버리면 움푹 팬 구덩이가 생기고, 그 구덩이에 물이 고이면 호수가 되지요.

지구 표면은 울퉁불퉁해요

지구의 땅은 평평하지만은 않아요. 들쭉날쭉 높이가 다 다르지요.
높이 솟은 산도 있고 깊은 골짜기도 있어요.
넓고 편평하게 펼쳐진 평야도 있지요.
이처럼 지구의 땅 모습은 다양해요.

높은 산꼭대기에는 1년 내내 눈이 쌓여 있어. 높은 곳은 항상 너무너무 춥기 때문에 눈이 녹지 않아.

이랴, 달려라, 달려.

아프리카 초원과 킬리만자로산 지구는 넓고 편평한 곳도 있고 초원 가운데 우뚝 솟은 높은 산도 있어요.

산과 계곡 지구에는 높은 산도 있고, 산과 산 사이에 깊게 팬 골짜기도 있어요.

빙하가 지구의 땅 모양을 바꿔요

지구의 땅 모양은 시간이 흐르면서 변해요.
오랜 세월 쌓인 눈이 녹지 않고 눌리면 거대한 얼음덩어리가 되어요.
이 얼음덩어리가 점점 무거워져 천천히 아래로 흘러가면서
주변의 흙이나 돌덩이들을 깎아 내어 땅 모양을 바꾸어요.

야, 경치 좋다!

빙하가 녹아서 만들어진 호수는 참 맑구나.

빙하가 녹아서 생긴 호수 빙하가 평지에 다다르면 끝 부분부터 조금씩 녹아요. 녹은 물이 낮은 곳에 고여서 호수가 만들어지지요. 북유럽이나 알프스산 근처에 있는 빙하호는 물이 맑고 수심이 깊어요.

흐르는 물도 지구의 땅 모양을 바꿔요

작은 물줄기들이 모여 큰 물줄기를 이뤄요.
강물은 바다로 흘러가면서 주변의 땅 모양을 바꾸지요.
물살이 빠르면 주변에 있는 흙, 모래 등을 깎아서 싣고 가요.
물살이 느려지면 물속에 섞여 있던 흙, 모래 등을 내려놓지요.

경사, 병차, 폭포에서 쏟아지는 물의 힘이 엄청난데, 도저히 앞으로 갈 수가 없네.

구불구불한 모양의 강 강물의 안쪽은 모래가 쌓이고 바깥쪽은 계속 깎여 시간이 지날수록 더 구불구불해져요.

삼각주 강물이 운반해 온 흙, 모래 등이 바닷가에 삼각형 모양으로 쌓인 것을 삼각주라고 해요.

땅속을 흐르는 물은 동굴을 만들어요

땅속에서 흐르는 물인 지하수는 석회암을 녹여요.
석회암이 지하수에 녹아 버리면 텅 빈 공간이 만들어져 동굴이 되어요.
이처럼 지하수가 석회암을 녹여서 생긴 동굴을 석회 동굴이라 해요.

이키, 빠질 뻔했네.
석회암 지대에는 움푹움푹
파인 곳이 많아.

돌리네 땅속의 석회 동굴이 무너져 내린 곳의 지표면에서는 우묵하게 꺼진 곳이 생기는데, 이러한 땅 모양을 돌리네라고 해요.

석회 동굴 지하수는 특히 석회암을 잘 녹여서 지하수와 함께 석회암이 흘러간 자리에 동굴이 만들어져요.

지구에는 모래로만 이루어진 곳도 있어요

사막은 뜨겁고 건조하며 모래와 작은 돌들로 이루어진 곳이에요.
사막에서 바람이 세게 불면 모래 알갱이들이 바람에 날려요.
바람에 날리는 모래 알갱이들이 땅에 떨어져 쌓이면 커다란 모래 언덕이 생겨요.
사막의 오아시스와 특이한 모양의 바위도 바람이 만든 거예요.

와, 물이다! 오아시스는 사막에서 유일하게 물을 마실 수 있는 곳이야.

오아시스 바람이 사막의 모래땅을 깎아서 땅속에 고여 있던 지하수가 드러나면 오아시스가 생겨요.

버섯바위 바람에 날리는 모래 알갱이가 날아가다가 바위의 아랫부분에 부딪쳐 바위를 깎아 내어 만든 바위예요. 버섯과 모양이 비슷하여 버섯바위라고 불러요.

모래 언덕(사구) 바람이 불어오는 쪽의 반대편으로 더 가파른 경사면이 생겨요.

파도가 바닷가의 땅 모양을 바꿔요

"철썩, 처얼썩!" 바닷가에서는 끊임없이 파도가 쳐요.

철썩이는 파도가 바닷가의 땅 모양을 바꾸어요.

바닷가의 높다란 절벽과 평편한 땅은 파도가 바닷가 땅을 깎아서 만든 거예요.

넓은 모래사장과 좁고 긴 모래땅은 파도에 섞여 밀려온 모래를 쌓아 만든 거지요.

모래사장 바닷가 바위 등이 깎이고 파도에 부서지면 모래가 되어요. 모래들이 파도가 약한 곳에 쌓이면 모래사장이나 모래 언덕이 만들어져요.

바다 아래는 어떤 모습일까요?

출렁이는 바닷물 아래는 땅이에요.

바다 아래의 땅 모양은 육지의 땅 모양과 비슷해요.

육지처럼 산도 있고 골짜기도 있어요. 그리고 폭발하는 화산도 있어요.

바닷속에도 산과 골짜기, 산맥, 화산과 평원 등이 있다고? 신기한데.

해령 심해저 평원에 있는 해저 산맥이에요.

섬

해산 심해저 평원에서 높이 솟아오른 땅이에요. 해산의 꼭대기가 바다 위로 올라오면 섬이 돼요.

심해저 평원 깊이가 3000~6000 미터나 되는 곳에 있는 평편하고 넓은 땅이에요.

대륙대 대륙 사면에서 운반된 모래, 진흙 등이 쌓여 만들어진 경사가 완만한 땅이에요.

화산섬 바다 밑 화산에서 화산 폭발로 용암과 화산재 등이 쌓여요. 바다 밑 화산이 바다 위로 솟아오르면 화산섬이 만들어져요.

산호섬 섬 주변의 얕은 바다에 산호초가 자라면 아름다운 산호섬이 만들어지기도 해요.

대륙 사면 대륙붕 끝 부분과 연결된 곳으로 경사가 갑자기 심해지는 땅이에요.

기요 섬의 꼭대기 부분이 파도에 깎였다가 해수면 아래로 가라앉아서 생긴 해산이에요. 꼭대기 부분이 평평해요.

대륙붕 육지와 바로 이어진 곳으로 경사가 완만한 땅이에요. 석유, 천연가스 등의 지하자원이 있어요.

해구 대륙 사면 끝 부분에 있는 폭이 좁고 깊은 골짜기예요.

바다 밑에서 뿜어져 나오는 연기 바다 밑 땅에는 뜨거운 맨틀 물질이 흘러나오는 곳이 있어요.

지구는 보물을 많이 가지고 있어요

땅 위에서 자라는 나무와 풀, 바다 생물은 소중한 자원이에요.
지구의 땅속, 지하에는 풍부한 에너지 자원이 숨어 있어요.
여러 가지 금속 광물뿐만 아니라 석탄, 석유, 천연가스 같은 다양한 자원이 있지요.

아마존 열대 우림 열대 우림에서 만들어지는 산소는 사람들에게 신선한 공기를 제공하고, 우거진 나무와 희귀한 풀 등은 목재와 약재로 이용해요.

바닷속 물고기 떼 온갖 종류의 물고기와 해초는 소중한 식량 자원이 되어 주지요.

대륙붕에서 석유를 찾아내는 모습 석유와 천연가스는 바다 밑 대륙붕에 많이 묻혀 있어요.

소중한 지구를 건강하게 지켜야 해요

지구가 아파하고 있어요. 사람들이 자연환경을 오염시켜 파괴하고,
자원을 마구 낭비해서 지구를 병들게 하기 때문이에요.
병들어 가는 지구를 구하려면 어떻게 해야 할까요?

기름을 뒤집어쓴 바닷새 석유를 싣고 가던 배가 사고가 나면 석유가 흘러 많은 바다 생물이 목숨을 잃어요.

황폐해진 숲 나무를 마구 베어 내면 숲이 사라져 가요. 숲이 사라지면 맑은 공기도, 숲속 동물도 사라지지요.

지구를 보호하기 위해 우리가 할 수 있는 일들 지구는 마실 수 있는 물과 숨 쉴 수 있는 공기가 있어, 사람이 살 수 있는 유일한 곳이에요. 그렇기 때문에 우리는 지구를 소중히 보호해야 해요.

알쏭달쏭 과학 이야기

1. 지구의 나이는 몇 살일까요?

사람은 태어난 생일을 알기 때문에 쉽게 나이를 알 수 있고, 나무의 경우는 나이테로 나이를 알 수 있어요. 지구의 나이는 어떻게 알 수 있을까요? 지구의 나이는 암석을 살펴보면 돼요. 지구에서 가장 오래된 암석의 나이는 약 40억 년쯤 되었다고 해요. 이 암석으로는 지구의 나이를 정확히 알 수 없어요.

지구의 나이를 정확하게 알려면 지구가 생겨났을 당시의 암석을 찾아서 나이를 알아내면 되지만, 지구는 여러 가지 변화를 겪어 탄생 당시의 암석을 찾기가 불가능해요. 그래서 과학자들은 지구가 태양계와 같이 만들어졌을 것이라고 생각하고, 태양계에서 지구로 떨어지는 운석의 나이를 알아보았는데, 운석의 나이가 46억 년쯤 되었어요. 여러 사실을 종합해 본 결과, 지구의 나이는 약 46억 살이에요.

2. 지구는 어떻게 생겨났을까요?

우주의 한 식구이기도 한 지구는 빅뱅(대폭발)이라 부르는 우주의 거대한 폭발 이후에 생겨났어요. 빅뱅이 일어난 뒤 우주에는 가스와 먼지 소용돌이가 생기고, 약 46억 년 전쯤에 가스와 먼지, 무거운 물질들이 군데군데 모여서 동그랗게 뭉쳐지기 시작했어요. 그 후 수백만 년 동안 지구는 우주를 떠다니는 온갖 바윗덩어리들이 부딪치는 커다랗고 이글거리는 공 모양이 되었지요. 지구의 처음 모습은 용암이 들끓는 드넓은 호수와 같았어요. 지구가 점차 식으면서 지구 표면에 단단한 껍데기인 땅이 만들어지고, 용암에서 나온 수증기가 식어 억수 같은 비가 쏟아져 내렸어요. 이 비가 낮은 곳에 괴어 바다가 되었어요.

3. 어디까지가 지구일까요?

지구 밖으로 나가면 우주와 만나는데, 어디까지가 지구이고 어디부터가 우주일까요? 지구는 단단한 땅과 바다 위로 두꺼운 공기층이 있어요. 이 공기층은 약 1,000킬로미터까지 뻗어 있는데, 공기층이 있는 곳까지를 지구라고 해요. 이 공기층은 눈에 보이지는 않지만 지구를 감싸고 있으면서 지구를 보호해 줘요. 태양에서 오는 위험한 자외선을 막아 주고, 우주에서 지구로 떨어지는 조그만 암석 덩어리들이 그대로 지표면에 떨어지지 않도록 보호해 주지요. 이 공기층은 우리를 숨 쉬게 하는 산소, 식물이 광합성을 하여 양분을 만드는 데 쓰는 이산화탄소, 비를 오게 하는 수증기 등으로 이루어져 있어요. 이 공기층 덕분에 지구의 생명체가 안심하고 살 수 있지요.

4 지구가 처음에는 모두 하나의 땅덩어리로 붙어 있었다는 게 사실인가요?

맨 처음 지구는 하나의 큰 대륙(초대륙 또는 판게아)과 하나의 커다란 바다(초대양)로 이루어져 있었어요. 그 뒤 대륙들이 아주 느리게 나뉘기 시작했어요. 공룡들이 번성했다가 사라질 무렵, 서로 붙어 있던 아메리카 대륙이 유럽과 아프리카 대륙에서 멀리 떨어져 나갔어요. 다음에는 아프리카 대륙에서 떨어져 나온 인도 대륙이 움직여서 아시아 대륙에 붙었고요. 오늘날의 지구도 여전히 대륙이 조금씩 움직이고 있는데, 유럽과 아메리카 대륙이 1년에 2~3센티미터씩 서로 멀어지고 있지요.

5 산은 어떻게 생겨났을까요?

산은 육지의 한 부분이 주위의 땅보다 높이 솟아 올라온 곳을 말해요. 산이 생기는 이유는 여러 가지예요. 대륙이 움직

이면서 평편하던 땅덩어리가 양쪽에서 미는 힘을 받으면 위로 솟아오르게 되는데, 이렇게 만들어진 것을 습곡 산맥이라고 불러요. 인도 대륙과 아시아 대륙이 부딪치면서 만들어진 히말라야산맥, 태평양 해서 땅덩이리와 남아메리카 대륙이 부딪쳐 만들어진 안데스산맥 등이 대표적인 습곡 산맥이지요. 땅덩이리가 잘린 곳에서 양쪽에서 미는 힘을 받을 때, 한 부분이 밀려 올라가서 볼록 솟아서 산이 생겨요. 지각 아래에 녹아 있는 암석이 땅을 위로 밀어 올려서 산이 생기기도 해요.

6 지금도 불을 뿜고 있는 화산이 있나요?

지구에는 약 600개의 살아 있는 화산이 있어요. 그중에서 늘 뜨거운 연기와 화산 물질들을 뿜는 화산도 10여 개나 있어요. 화산에는 활화산, 휴화산, 사화산이 있는데 활화산은 자주 폭발하는 화산을 말해요. 예전에 폭발한 적이 있지만 지금은 잠잠하며, 언제든 다시 폭발할 수 있는 화산을 휴화산, 또다시 폭발이 일어날 위험이 없는 화산을 사화산이라고 해요. 이탈리아 남쪽에 있는 에트나 화산은 대표적인 활화산으로 꾸준히 화산 폭발 활동이 일어나고 있어요. 에트나 화산 근처에는 국제 화산연구소가 있지요. 미국의 하와이섬에 있는 킬라우에아 화산에서도 끊임없이 연기가 피어오르고 있으며, 20년 동안 토해 내고 있는 용암을 볼 수 있어요.